Grabovoi Grigori Petrovich

Methode der Anwendung des Informationssystems von einem Informationsobjekt zu einem anderen. Selbstregeneration anhand der Steuerung von seinem Bewusstsein aus eines beliebigen Ereignisses

Autorenseminar, durchgeführt von Grabovoi Grigori Petrovich am 09. August 2001 in russischer Sprache

Übersetzung aus dem Russischen ins Deutsche
EHL Development Kft.

2013

Grabovoi G.P.
Methode der Anwendung des Informationssystems von einem Informationsobjekt zu einem anderen. Selbstregeneration anhand der Steuerung von seinem Bewusstsein aus eines beliebigen Ereignisses. – 2013. – 54 p.

Der Text des Werkes wurde von Grabovoi Grigori Petrovich erstmals im Moment der Durchführung des Seminars am 09. August 2001 geschaffen. Beim Schaffen des Seminars wurde das Verfahren der ewigen Entwicklung mit genauer Prognostizierung der zukünftigen Ereignisse angewandt. Die hundertprozentige Bestätigung der Prognosen von Grabovoi G.P. wurde durch Protokolle und Zeugnisse bewiesen, herausgegeben im dreibändigen Werk „Praxis der Steuerung. Weg der Rettung". Beim Schaffen des Textes des Seminars hat Grabovoi G.P. zu Beginn die genaue Prognose der zukünftigen Ereignisse erhalten und danach schuf er den Text, der die ewige Entwicklung unter Berücksichtigung von konkreten Ereignissen in der Zukunft lehrt, was jeden Menschen und die gesamte Welt angeht.

ISBN-13: 978-1490395425
ISBN-10: 1490395423

GRABOVOI ®
© Grabovoi G.P., 2001
© Grabovoi G.P., Deutsche Übersetzung, 2013
All rights reserved.

Autorenseminar, durchgeführt von Grabovoi Grigori Petrovich
am 09. August 2001

09. August 2001

Guten Tag.

In dieser Vorlesung nach meinem System der Rettung und harmonischen Entwicklung vermittle ich drei neue Methoden nach den entsprechenden Abschnitten: Das ist die Rettung vor einer möglichen globalen Katastrophe, danach die Selbstwiederherstellung plus die harmonische äußere Entwicklung, und der Abschnitt – die Steuerung einer beliebigen Information von seinem eigenen Bewusstsein aus einer beliebigen Information. Dabei ist der dritte Abschnitt eine Unterstruktur der zwei ersten Abschnitte. Es ist wünschenswert, im Laufe der gesamten Vorlesung nach Möglichkeit zu verfolgen, wo sich diese Unterstruktur offenbart, weil wenn ich zum dritten Abschnitt übergehe, so werde ich dort im Prinzip einige Sachen nicht offen nennen.

Im Zusammenhang damit besteht die Aufgabe dieser Vorlesung im Folgenden. Man stellt sich im Verlauf der Vorlesung die Frage: Wie wird die Steuerung von dem Bewusstsein aus eines beliebigen Ereignisses im ersten oder zweiten Abschnitt realisiert? Als Steuerung kann man zum Beispiel nicht nur die Vorbeugung einer möglichen globalen Katastrophe und die Selbstwiederherstellung unter der Bedingung der äußeren harmonischen Entwicklung betrachten.

Die erste Methode - die Rettung vor einer möglichen globalen Katastrophe auf der Grundlage des eigenen Bewusstseins anhand der Anwendung der Technologie der Strukturierung des Bewusstseins besteht in dieser Vorlesung darin, dass Sie ein System des eigenartigen Informationsüberflusses von einem Informationsobjekt zu einem anderen benutzen. Eine einfache Erläuterung dieses Prozesses besteht darin, dass Sie zuerst das Informationsobjekt z.B. auf dem physischen Niveau bei der Wahrnehmung haben, wenn Sie sich dieses mit den Augen anschauen, so hat dieses Objekt, wenn es ein physisches Objekt ist, einen entsprechenden informativen Bereich.

In dieser Methode muss man zuerst den informativen Bereich irgendeines Objektes, zum Beispiel eines physischen Objektes finden. Dann muss man versuchen, die Technologie der Überführung der Information dieses Objektes in die Information eines Nachbarobjektes zu betrachten. Wenn wir, angenommen, zwei Bäume nehmen, so ist zu betrachten, auf welche Weise sich die Überführung der Form des ersten Baumes in die Form des zweiten Baumes nach der Unifizierung der Information vollzieht. In der Information sind die Formen sogar der gleichen Bäume, selbstverständlich, unterschiedlich. In diesem Zusammenhang besteht die Aufgabe dieser Methode darin, um die Charakteristiken der Überführung von einer Form in die andere eben zu betrachten und dabei diese Handlung – d.h. die Überführung – als ein steuerndes System zur Erlangung der allgemeinen Rettung zu benutzen.

Der logische Sinn ist hier sehr einfach und besteht darin, dass Sie in der Dynamik, wenn Sie ein Objekt zu einem anderen überführen, das System aller Verbindungen benutzen. In der Dynamik offenbart sich das schneller als zum Beispiel im statischen System. Das heißt, die Reaktion des Bewusstseins ist wie folgt: wenn Sie z.B. zuerst das Informationsobjekt betrachten und dieses danach an das System der gemeinsamen Verbindungen anhand der Steuerung anbinden wollen,

Autorenseminar, durchgeführt von Grabovoi Grigori Petrovich
am 09. August 2001

so verlieren Sie in diesem Fall Zeit, erstens, um das Objekt zu objektivieren und zweitens, um es zu verbinden. In dieser Methode geschieht das gleichzeitig im Moment der Handlung. Das heißt, die Handlung, die Bewegungsdynamik der Bewusstseinsstruktur, eben des Elementes des Bewusstseins gibt faktisch zwei Lösungen auf einmal, d.h. zwei Handlungen in einem Wahrnehmungsimpuls. Das ist die Optimierung der Steuerung anhand dessen, dass Sie die Steuerung im dynamischen System durchführen.

In diesem Zusammenhang müssen Sie diese Steuerung in der gegebenen Methode eben vom Standpunk dessen vollbringen, dass im vorliegenden dynamischen System alle komplexen, alle äußeren und inneren Verbindungen in dieser Realität schon existieren. In diesem Zusammenhang ist der Begriff – die Existenz aller Verbindungen – Ihre eigene informationelle Widerspiegelung im Bereich der geistigen Wahrnehmung. Das heißt, Sie müssen hier als Grundlage nehmen, dass Ihr physischer Körper, Ihre Steuerung, welche sich auf dem Niveau der geistigen Wahrnehmung widerspiegelt - auch der Bereich ist, der als ein Element der allgemeinen Verbindungen offenbart ist.

Wenn Sie sich diese Vorlesung anhören werden, lassen Sie sich möglicherweise die komplizierten Sachen einige Male durch den Kopf gehen, um die verbindenden Konzeptionen und bestimmte verbindende quasi optische wenigstens Abschlüsse, vom Standpunkt des dritten Punktes zu finden – die Steuerung eines beliebigen Ereignisses. Hier in diesem Punkt machen Sie das speziell und besonders.

Das nächste Element ist ziemlich einfach, das ist die Entwicklung dieser Technologie. Sobald Sie auf dem geistigen Niveau die Widerspiegelung faktisch der optischen Entwicklung des Ereignisses finden, erhalten Sie die Steuerung im Punkt der Entwicklung des Geistes. Und hier ist die Aufgabe der Steuerung nach der Makrorettung – ich habe diesen Punkt in diesem Fall axiomatisch eingeführt, d.h. man muss in diesem Fall verstehen, dass dieser Punkt eben axiomatisch ist, ich habe zu ihm keine Erläuterung gegeben. Ein Teil der Vorlesung enthält unmittelbar die logische Entwicklung der Steuerung, und der andere ist axiomatisch. Finden Sie zwischen diesen beiden Teilen die Technologie des dritten Teils - der Steuerung von seinem Bewusstsein aus eines beliebigen Ereignisses.

Wenn Sie diesen Punkt im geistigen System erhalten, so ist das auch die Makrorettung, d.h. die Rettung aller nach der Technologie des direkten Zuganges. Hierbei existiert diese Rettung als ein Ruhepunkt im Bereich der informationellen Suche. Die Charakteristiken dieses Bereiches sind so, dass er nach dem logischen Prinzip zu finden ist, indem man nur die Frage stellt – wo befindet sich der Ruhepunkt im Bereich der informationellen Suche? Das heißt, das Bewusstsein berührt, erstens, unter anderem auch Ihre Struktur, wenn Sie mit der Information zur Makrorettung zu arbeiten beginnen. In diesem Zusammenhang, wenn Sie den Ruhepunkt suchen, so finden Sie in Wirklichkeit den Punkt der Stabilisierung der Steuerung. Und der Punkt der Stabilisierung der Steuerung ist auch das steuernde System.

Merken Sie sich: im Unterschied von einem bestimmten Typ der Vorlesungen ist das Auffinden einfach des Punktes der Stabilisierung auch die Rettung von allen. Das heißt, das primäre Merkmal, nach dem einige Vorlesungsmaterialien aufgebaut werden, ist in diesem Fall die Technologie der Steuerung und der Rettung. Als selbständige Arbeit führen Sie einen solchen Typ der Arbeit durch: zum Beispiel, um einen Baum in der Information anzupflanzen, muss man, angenommen, die physische Folge haben, die auf der Erde offenbart ist. Das heißt, wie wächst der Baum auf der Erde? Angenommen, das ist ein Keim. In Analogie zu dieser Vorlesung müssen Sie faktisch diesen Baum in der Information, auf dem Niveau der Vorbereitungsarbeiten zum Anpflanzen des Baumes vollständig modellieren. Wenn Sie, angenommen, nur eine Schaufel oder nur einen Baumsetzling haben, so müssen Sie in der Information in demselben Bereich schon den existierenden und funktionierenden Baum haben.

Von Standpunkt der Steuerung vom eigenen Bewusstsein aus ist das noch eine Besonderheit, die darüber spricht, dass die Steuerung vom Bewusstsein aus eines beliebigen Objektes – die Steuerung von allem in ein und demselben Punkt ist. Das heißt, diese Hausaufgabe muss eben auf diese Weise betrachtet werden, dass sich die Überkonzentration der Steuerung, die Überkonzentration des Steuerungsniveaus oder die Information der Steuerung vollzieht, und dabei geschieht diese Konzentration in ein und demselben Punkt. Das heißt, der Punkt des Handlungsanfanges – nun dieselbe Schaufel, sagen wir so, derselbe Baumsetzling – das ist auch der Baum in diesem Punkt.

Das heißt, das Bewusstsein hat in diesem Punkt keine Ausdehnung, keine Größe und keine Zeitdeterminante. In diesem Punkt sind eben die Eigenschaften der geistigen Steuerung im optischen

Modus der Wahrnehmung besonders offenbart. An dieser Stelle also können Sie besonders deutlich die Optik der geistigen Wahrnehmung visualisieren, d.h. die Optik des Geistes – wie der Geist vom Standpunkt der Optik der Wahrnehmung funktioniert, wo zum Beispiel das Bewusstsein der Wahrnehmung dennoch schon die sekundäre Struktur in Bezug auf die geistige Entwicklung ist. Hier können Sie aber objektivieren, dass logisch die Dichte auch der geistigen Information dermaßen hoch ist, dass Sie die offenbarte Struktur deutlich sehen, weil die Geschwindigkeit des Denkens hier sehr hoch und mit der Geschwindigkeit der geistigen Entwicklung vergleichbar ist.

Das ist die abschließende Information zu der Methode dieses Informationsniveaus. Ich beende diesen Teil der Rettung vor einer möglichen globalen Katastrophe, weil ich die Koordinaten dieser Rettung genannt habe, und Sie haben das im Moment der Vorlesung gemeinsam getan, d.h. im Moment des Wortes, als ich gesprochen habe. Als Hausaufgabe schauen Sie sich nach Möglichkeit an, wann Sie das gemacht haben, weil diese Handlung gerade in jenem Punkt der maximalen Konzentration des Geistes existiert – der Geist, der offenbart ist. Die Offenbarung des Geistes – das ist u.a. auch der physische Körper.

Der zweite Teil dieser Vorlesung ist die Selbstregeneration, Selbstwiederherstellung unter der Bedingung der äußeren harmonischen schöpferischen Entwicklung. Dieser Teil schließt, wie ich gesagt habe, die Steuerung eines beliebigen Ereignisses von seinem eigenen Bewusstsein aus ein. Diesen Vorlesungsteil, der faktisch die Methode für diese Vorlesung darstellt, beginne ich damit, dass eben die Steuerung einer

Autorenseminar, durchgeführt von Grabovoi Grigori Petrovich
am 09. August 2001

beliebigen Information von seinem Bewusstsein aus ein Bereich der Objektivierung des geistigen Milieus ist, von dem ich im ersten Teil gesprochen habe. Das heißt, jener Geist, der im optischen Element objektiviert ist, habe ich mit Worten bezeichnet, allerdings habe ich ihn quasi direkt bezeichnet, dennoch ist das, selbstverständlich, eine vergleichbare Bezeichnung. Über den Sinn dieser Worte muss man sich Gedanken machen, wenn Sie Zeit haben.

Wenn ich dieses System als ein bezeichnetes nenne, offenbare ich es als eine Struktur des eigenen Bewusstseins. In bestimmten Vorlesungen gab es die Offenbarung des eigenen Bewusstseins und die festgesetzte Struktur. In diesem Fall kommt die Festsetzung nicht vom geistigen Impuls, quasi nicht aus dem Inneren, sondern Sie formen einen äußeren Impuls, der sowieso der Ihrige ist. Das ist dem ähnlich, dass Sie ein Steuerungssystem bilden, welches an Sie anhand der Koordinaten Ihrer geistigen Entwicklung angebunden ist. Erstens bedeutet das, dass die Entwicklung vorhanden war, d.h. die Betrachtung der Koordinaten der vorigen Entwicklung, dann wird diese Struktur Ihnen nicht entgehen, und, zweitens ist das die Entwicklung, welche die gesamte Zukunft in die Struktur der vorigen Entwicklung einschließt. Es ist also, sagen wir, ein formales System dieses optischen Milieus. Das formalisierte System, von dem ich jetzt gesprochen habe, ist durch eine Wortreihe offengelegt. Als Hausaufgabe schauen Sie sich an, mit welchen Wörtern noch man dieses System offenbaren kann. Die Wörter werden entweder von diesem System organisiert oder Sie reproduzieren sie als ob von Innen dieses Systems.

Jetzt ist ein wichtiger Teil dieser Vorlesung – die

Wiedergabe der Wörter oder die Wiedergabe der Information aus dem dynamischen Bereich. Also es ist faktisch alles, was ich jetzt z.B. im Plan der Steuerung des Vorlesungsniveaus des zweiten Teils organisiert habe, so habe ich den dynamischen Teil des Bewusstseins auf bestimmte Art und Weise bezeichnet. Das ist die spezielle Struktur des Bewusstseins, also der dynamische Teil des Bewusstseins, der ständig in der Dynamik, in der Bewegung vom Standpunkt Ihrer Wahrnehmung ist, und deshalb über bestimmte selbständige erweiterte Funktionen verfügt. Es gibt selbstverständlich die Bewusstseinselemente, die statisch sind, und sie sind funktional begrenzt, d.h. es gibt nicht viele Möglichkeiten für die Entwicklung dieses Elementes in der Wahrnehmung.

Merken Sie sich, hier habe ich das Wort „in der Wahrnehmung" hinzugefügt, das ist hier wichtig. Es ist verständlich, dass ich immer über die Elemente der Wahrnehmung spreche. Wenn wir aber über das dynamische System des Bewusstseins sprechen, so ist die Wahrnehmung, Ihre eigene Wahrnehmung die Unterstruktur dieses Bewusstseins. Sie können Ihre Wahrnehmung finden und verstehen, was Sie wahrnehmen. In diesem Zusammenhang ist das ein Element – ein deutlich ausgeprägtes Element – des steuernden Hellsehens. Sobald Sie dieses System entwickeln, verstehen Sie, was dort geschieht. Das ist ein Element des direkten Wissens, das von Ihnen reproduziert wurde. Wie wird die Realität von der Seele wahrgenommen? Sie reproduziert das, was sie schon hat.

In diesem Zusammenhang ist die Technologie der Realitätsentwicklung in vieler Hinsicht so, dass das Element der Wiederherstellung – eine von vornherein von den Aufgaben der Seele festgesetzte Struktur ist. Demzufolge ist das dynamische System des Bewusstseins das, was von Anfang an die vorhergehenden Aufgaben enthält, z.B. die Aufgaben der Seele, die früher bestimmt waren, sowie die zukünftigen Aufgaben. Deshalb verschmilzt sich dort die Zukunft mit der Vergangenheit und Gegenwart quasi in einen Punkt, in ein Gebiet. Sie erhalten praktisch einen Raum, der außerhalb des mentalen Raumes, d.h. außerhalb des Denkraumes ist, und er gibt die Möglichkeit für die Wahrnehmung, die äußere Gestalt als ob aus dem Inneren dieses Systems zu reproduzieren. Weil wenn wir die Wahrnehmung als gerade einen mentalen Raum betrachten - ich habe ihn als einen Denkraum bezeichnet - so muss man in den Bereich gelangen, der außerhalb von ihm, außerhalb dieses Systems ist - so man muss in gerade diesem Fall vorgehen.

Sobald Sie in diesen Bereich gelangen, sehen Sie sofort daraus, wie Sie sich selbst unter der Bedingung der schöpferischen äußeren Verbindungen organisieren. Also die Aufgabe dieser Steuerung besteht darin, dass Sie nach dem Algorithmus, den ich im bestimmten Grad mit den Worten gekennzeichnet habe, in den Bereich hineintreten müssen und einfach anhand eines bestimmten Detektors des Sehens sehen müssen – das ist nicht unbedingt die Wahrnehmung des mentalen Plans. Die Detektion des Sehens kann in diesem Fall einen Zustand der Seele oder ein Element der Seele sein.

Hier wird das Niveau der Vorlesung durch die Hierarchie des steuernden Systems heftig nach oben hinausgeführt, weil ich in diesem Fall das Sehen auf dem Niveau des Elementes der Seele eingeführt habe, zu dem Sie anhand des Bewusstseins gelangt sind. Wir sprechen doch darüber, dass die Seele das Bewusstsein reproduziert, d.h. es ist immer die sekundäre Struktur. In diesem Fall sprechen wir darüber, dass das Element, zu dem Sie in der Seele kommen, ein Element ist, welches von dem Bewusstsein aus in dieser Technologie erhalten wird. Sobald Sie dieses Element objektivieren, erhalten Sie nach dem Gesetz der allgemeinen Verbindungen ein harmonisches und in vieler Hinsicht zusammengekoppeltes System.

In den Gesetzen der Informationsentwicklung – so wie das der Schöpfer macht - hat jedes System eine harmonische Kopplung, d.h. ein harmonisches Niveau der Kopplung. Eine beliebige quasi ausgehende Information trifft immer eine eingehende Information in einem bestimmten Punkt des Ausganges oder des Einganges. Als selbständige Arbeit denken Sie darüber nach, wo sich das in Ihrem Bewusstsein vollzieht – entweder im Denkraum, oder in der geistigen Wahrnehmung.

Auf diese Weise ist das Niveau der gegebenen Vorlesung in diesem zweiten Teil in einige schichtenartige oder unterschichtige Strukturen eingeteilt. Das ist ein Niveau eines eigenartigen quasi Kataloges der Vorlesung. Wenn man die Vorlesung als einen Gegenstand für die Wahrnehmung im Plan z.B. der geistigen Wahrnehmung gleichzeitig mit der mentalen Wahrnehmung und gleichzeitig mit der Wahrnehmung der Seele betrachtet, so werden Sie ein hart katalogisiertes System in Ihrer Wahrnehmung sehen. Dieses katalogisierte System, quasi einen eigenartigen Katalogbaum, oder ein System des optischen Typs, wo ich Kataloge quasi als gewisse Sphären bezeichne, die außerhalb der Zone Ihrer mentalen Wahrnehmung

Autorenseminar, durchgeführt von Grabovoi Grigori Petrovich
am 09. August 2001

offenbart sind - das ist ein Niveau, wo kein Denken geschieht. In diesem Zusammenhang beginnen Sie Ihr Denken von diesem Bereich aus zu organisieren, weil Sie jene Strukturen der Seele koordinatenmäßig genau finden können, die Sie brauchen. Also können Sie bei diesem System jene Seelenniveaus finden, welche Sie sogar bestimmen können.

Dann ergibt es sich, dass das sekundäre System, welches das Bewusstsein ist, in Bezug auf die Entwicklung der Seele ein steuerndes System werden kann. Merken Sie sich: ich habe hier nicht z.B. „in Bezug auf die Seele" gesagt. Die Struktur, die von vornherein vom Schöpfer geschaffen ist, enthält in sich alle zukünftigen Offenbarungen, d.h. die Seele ist ein viel komplexerer Begriff. Was die Entwicklung der Seele angeht – ist das der Zustand eben dieser Seele, aber dabei ist das ein bestimmter Teil dieser Seele oder einige Teile oder die Seele in vollem Umfang, aber im Zustand der Entwicklung. Im Bereich der geistigen Wahrnehmung trennen Sie möglicherweise in der Terminologie – quasi der inneren oder äußeren – das heißt, der gewöhnlichen Terminologie, solche Begriffe ab wie Seele, Entwicklung der Seele, Zustand der Seele, zum Beispiel.

Als Training können Sie eine Vergleichsanalyse bei der Anwendung dieser Begriffe durchführen, eine Vergleichbarkeit im Plan der Handlung. Wenn Sie alles, was ich in diesem Teil gesagt habe, wenigstens auf dem Niveau der Befolgung des wörtlichen Teils durchführen, werden Sie betrachten, dass die Organisation des Menschen – eine mit der gesamten äußeren und faktisch inneren Realität dieses Menschen natürlicherweise harmonisierte Struktur ist. Und dieses natürlicherweise harmonisierte Milieu wird zum ersten Teil Ihres Elementes der Wahrnehmung. Wenn Sie beginnen, dieses Wahrnehmungselement zu verstehen oder zu betrachten und schon danach zu verstehen, indem Sie diesen optischen Parameter vor jedem Ereignis herausführen, welches z.B. vor Ihnen ist, steuern Sie dieses Ereignis, angenommen, in der Optik. Indem Sie diesen Parameter vor diesem Ereignis herausführen, erhalten Sie die Selbstregeneration unter Berücksichtigung der äußeren und inneren harmonischen Verbindungen.

Also habe ich in diesem Fall das, wovon ich gesprochen habe, in das optische Element hinausgeführt. Wie ich in das optische Element technologisch genau hinausgeführt habe, habe ich in diesem Vorlesungsteil nicht beschrieben. Wenn Sie sich aber diese Information aufmerksam anschauen, so ist der Ausgang als ob an und für sich geschehen. Und in diesem Zusammenhang hat dieser Ausgang auch das nächste Niveau objektiviert, d.h. die Selbstregeneration unter der Bedingung dessen, dass ich den Bereich gefunden und gezeigt habe, welcher bereits natürlicherweise harmonisiert ist. Natürlicherweise - das heißt, unter Anwesenheit eben der wahren, d.h. realen Gesetze vom Schöpfer her.

In diesem Teil gehen wir jetzt eben zum dritten Vorlesungsteil über, d.h. die Steuerung von seinem Bewusstsein aus eines beliebigen Punktes der Raumzeit, einer beliebigen Information. Und der Begriff der Wahrheit des Wissens, d.h. die Überführung der Steuerung in die Seite der Steuerung von seinem Bewusstsein aus eines beliebigen Ereignisses – das ist ein Kriterium, nach dem der dritte Teil aufgebaut wird. Weil ich gesagt habe, dass Ihre Aufgabe war – periodisch oder ständig diesen dritten Teil zu verfolgen, so hat jeder nach seiner Art ein bestimmtes System im dritten Teil modelliert. Dieser dritte Teil ist die Steuerung einer beliebigen, einer sogar quasi vom bestimmten Standpunkt wenig bedeutenden Information.

Dieser Teil charakterisiert das, dass ich nach dem Kriterium wiederum einen schon längst bekannten Begriff wie „die Wahrheit des Wissens" einführe, jedoch füge ich hier hinzu, dass die Wahrheit vom Standpunkt der Wahrnehmung eine bestimmte Ausdehnung hat. Das Wissen im optischen Element ist wahr, wenn es überhaupt wahrgenommen wird – so ist es in der ersten Stufe des Verständnisses, in der ersten Annäherung. Aber das Wissen kann wahr sein, wenn Sie außerhalb des Wahrnehmungsbereiches arbeiten, wenn es sogar nicht wahrgenommen wird. In diesem Zusammenhang sprechen wir darüber, dass das primäre und logisch verständliche Kriterium – die Rettung aller sowie auch das ist, dass keine mögliche globale Katastrophe geschieht.

Wenn Sie die Arbeit anhand dieser Begriffe beginnen, so merken Sie sich– wenn ein Klavierspieler eine komplizierte Melodie spielt, so spielt er als ob auf zwei Niveaus: das heißt, er nimmt zuerst möglicherweise mental wahr, aber der Hauptteil wird im Raum der direkten Übertragung der Laute und nicht im Tonraum gespielt. Wenn Sie die bekannten Melodien betrachten, die zu den klassischen zählen, schauen Sie sich an, warum die Übertragung noch früher passiert, als Sie gedacht haben, sich diese Melodie wieder anzuhören, und vergleichen Sie diese z.B. mit irgendwelchen Melodien der laufenden Planes, die möglicherweise auch zu den klassischen zählen, jedoch jetzt zu solchen noch nicht geworden sind. Der Begriff der direkten Übertragung vor dem Herausziehen der Töne – das ist ein Begriff, wo das Kriterium der Wahrheit in den Geschwindigkeitscharakteristiken z.B. der primären geistigen Wahrnehmung besteht.

Demzufolge ist eines der Kriterien der Wahrheit u.a. auch die geistige Wahrnehmung der Realität, und die geistige bedeutet eine solche, die von Anfang an z.B. vor der materiellen Offenbarung existiert. So ist das gemeint. Natürlich, wenn wir den Geist als eine Struktur betrachten, die in der physischen Realität existiert, - und es ist auch so auf dem Informationsniveau und in der offenbarten Realität - so kann auch die physische Realität zum Kriterium der Wahrheit werden. Und es ergibt sich, dass die Stabilität in der wahren Entwicklung die physische Realität als eine für alle objektivierte Form ist. Demzufolge, wenn wir das logisch verbinden, was ich gesagt habe, erhalten wir, dass die kollektiv offenbarte physische Realität – jene Wahrheit ist, die von allen in der kollektiven gemittelten Form wahrgenommen wird.

Wenn wir diese postulierende, gegenseitig postulierende Verbindung – merken Sie sich auch diese Terminologie, sie kann neu sein – auf das Niveau des ersten und zweiten Teils der Vorlesung verbreiten, sehen wir die Reproduktion des Vorlesungsteils im dritten Plan, - das, was von Ihnen individuell geschaffen ist, und auch das, was als z.B. ein praktisches Niveau der Übung reproduziert werden kann, wenn Sie im Prinzip eine beliebige Realität schaffen können, welche z.B. als eine existierende nicht erklärt ist. Das heißt, eine solche Realität, eine schöpferische Realität gibt es in Ihrer Wahrnehmung nicht, aber Sie können im Prinzip von dieser Realität aus ein beliebiges Element der laufenden Realität erhalten, d.h. ein beliebiges Ereignis.

Ich schlage jetzt vor, als eine Übung einfach nur eine solche Handlung durchzuführen: Sie bauen neben mir, zum Beispiel in der Entfernung von 1,5 m von mir zuerst die Sphäre der Realität, die nicht existiert. Möge das vom Standpunkt Ihrer Wahrnehmung eine schöpferische Realität sein, aber Sie finden diese Realität in der Information nicht, und Sie bauen diese Realität vor sich auf. Was wird das? Was für eine Welt, was für eine Realität des Denkens? Hier spielt das allgemein keine Rolle. Die Hauptaufgabe dieses Trainings ist das Erhalten eines beliebigen Realitätselementes von dieser Form aus. Deshalb müssen Sie als eine Übung, sagen wir so, in einigen wenigen Sekunden diese Sphäre vor mir aufbauen. Ich werde einstweilen beobachten.

Versuchen Sie ungefähr an einem Platz zu bauen, d.h. wenn Sie bauen, verfolgen Sie, dass die Parameter der Sphären anderer Menschen zusammenfallen. Ich habe Ihnen dabei mit Absicht keinen ungefähren Radius der Sphäre gegeben. Ich habe einfach gesagt, dass die Sphäre sich vor mir in der Entfernung von 1,5 m im physischen Raum befindet, d.h. vor meinem physischen Körper. Sobald Sie diese Sphäre jetzt gebaut haben, beginnt sie ein bestimmtes Licht auszustrahlen, und diese Sphäre ist sehr stabil, weil die bekannten Verbindungen auf sie keine Wirkung haben. Die Stabilität wird auch dadurch charakterisiert, dass diese Sphäre quasi keine Geschichte der Verbindungen hat. Es ergibt sich, dass sie in der allgemeinen Entwicklung ziemlich autonom ist, und deshalb ist sie auch stabil. Es gibt als ob keine Verbindungen, welche sie verschieben oder auf irgendwelche Weise zum Aspekt der bekannten

Situationen hinausführen könnten.

Demzufolge sind wir hier logisch dazu gekommen, dass das neue System – ein stabileres System in diesem Aufbau im Kontext dieser Vorlesung ist. In diesem Zusammenhang, sobald Sie dieses System zu entwickeln beginnen, erwirbt es momentan den Charakter aller äußeren Verbindungen, welche Ihnen bekannt sind. Merken Sie sich, dass dies der Algorithmus ist, was man verfolgen muss. Die Entwicklung dieses Systems – das ist der Charakter aller äußeren Verbindungen - zu den äußeren kann man auch das Gefühlsniveau zählen - aber gerade der Begriff der äußeren Verbindung ist ein wichtiger Begriff im Verhältnis zu dieser Sphäre in der Geometrie. Das heißt, der Raum beginnt sich mit den Ereignissen zu füllen, welche Sie z.B. einfach verschoben haben, um diesen Raum zu finden. Aber dabei, wenn diese Sphäre klein ist, so nehmen die verschobenen Ereignisse, angenommen, den ganzen Raum ein, den ganzen Saal oder noch mehr.

Das muss man sich anschauen und begreifen, das muss man empfinden. Sobald Sie das gesehen haben, so ergibt es sich, dass sich im Prinzip alle bekannten Ereignisse, die gesamte äußere Realität im zentralen Punkt der Organisation dieser Sphäre konzentrieren. Warum es so geschieht, kann ich erklären, aber Sie können möglicherweise, wenn es Zeit gibt, noch zusätzlich einen Mechanismus quasi auf dem logischen Wege finden. So geschieht es deshalb, weil wenn Ihre äußeren Verbindungen – das ist logisch sehr verständlich – die Sie verschoben und an die Sie sich erinnert haben, wenn diese Verbindungen z.B. dieses Zimmer einnehmen, so ist selbstverständlich alles, was die Prolongierung angeht, d.h. alle äußeren Verbindungen zu der Realität – das ist die gesamte äußere Welt, die äußere Welt in Bezug auf die Sphäre. Deshalb haben wir in diesem Fall einen Punkt gefunden, der um sich herum die äußere Welt reproduziert, wobei die gesamte Welt; es reichte nur, sich die Frage zu stellen, also den Bereich zu finden, welcher in der Wahrnehmung nicht beschrieben ist.

Infolge dieses Mechanismus des Funktionierens des Bewusstseins, den ich jetzt bezeichnet habe, ist es einfach klar, dass der Schöpfer selbstverständlich immer daneben anwesend sein kann, weil solche Punkte sogar logisch bezeichnet werden und im Prozess der Entwicklung der Steuerung gefunden werden – so ähnlich, wie ich jetzt gefunden habe. In diesem Zusammenhang müssen Sie jetzt in diesen Punkt mit dem Bewusstsein hineintreten, und so, wie das der Schöpfer macht, die gesamte Realität zu organisieren beginnen. Dabei muss man konkret anfangen – direkt von diesem Punkt aus und um Zentimeter oder um Kilometer oder um zehntausend Kilometer ausdehnen. Beginnen Sie mit dieser Organisation. Ich werde schauen, beobachten.

Im Moment dieser Organisation merken Sie sich und beobachten – wie die anderen das tun? Zuerst vollzieht sich quasi das chaotische Suchen nach dem, was organisiert werden muss, und es vollzieht sich die Organisation, weil die Aufgabenstellung aus bestimmten Gründen nicht quasi momentan klar ist.

Es gibt objektive Gründe, warum diese Aufgabe nicht sofort klar wird, weil die Geschwindigkeit sehr hoch sein kann. Allgemein gesagt, ist die Aufgabe nicht klar, weil die Klarheit der Steuerung…- was bedeutet der Begriff „nicht klar" in diesem Kontext? Die Klarheit der

Steuerung ist das, dass Sie, allgemein gesagt, wenigstens etwas unklar machen müssen. Das heißt, wenn Sie zum Beispiel in der Steuerung alles absolut klar für die Wahrnehmung haben, dann sind die Elemente des unbestimmten Systems, die in der physischen Realität vorhanden sind, wenn die Augen auf einen bestimmten Horizont schauen, so sehen die Augen quasi mit der physischen Gestalt nicht, was hinter dem Horizont oder hinter der Tür ist. Hier ist der Begriff der Unklarheit ein vergleichbares System, dem quasi die physischen Gefühls- und Wahrnehmungsorgane zugrunde liegen. Deshalb, weil die Welt sich vergleichsmäßig entwickelt, so ist der Begriff der Unklarheit – ein vergleichbares System der Handlungen, es hat in diesem Fall einen positiven Kontext.

Deshalb habe ich ein solches Niveau absichtlich eingeführt. Die Analogie besteht darin, dass man ja alles anhand des Hellsehens sehen kann, aber das physische Sehen sieht hinter irgendwelchen geschlossenen Elementen des Raumes nicht. Um dem Sehen das Sichtvermögen zu verleihen, sollen wir den Raum umformieren. Die Welt ist aber sozial so eingerichtet, dass man in jenen Systemen umformieren darf, wo dies die anderen nicht stört. Dementsprechend haben wir die optische Wahrnehmung als eine begrenzte, weil es die Logik der Entwicklung des Raumes gibt. Und die Logik der Entwicklung dieses Elementes der Steuerung besteht darin, dass zu Beginn ein eigenartiges chaotisches Suchen geschehen war, weil die Ziele bei jedem im Prinzip festgelegt sind. Zweitens – die konkreten Ziele begannen sich zu offenbaren und die Gedanken erschienen, die damit verbunden sind, dass die zielgerichteten Ereignisse auf Entfernung gesteuert werden können. Von dort aus

Autorenseminar, durchgeführt von Grabovoi Grigori Petrovich
am 09. August 2001

kann man diese finden, d.h. Ereignisse können von diesem Punkt aus gefunden werden.

Weiterhin beginnt die Hauptfrage– das ist die Steuerung. Da Sie diejenigen sind, die steuern, haben Sie natürlich die Steuerung in jeder Iteration durchgeführt, und eben die Steuerung des nötigen Ereignisses anhand dieser Technologie. Sie besteht gerade darin, dass wenn Sie auf die physische Realität schauen, so existiert ein eigenartiges quasi Element, das - scholastisch gesehen - als ob einem chaosartigen Niveau in der Wahrnehmung näher ist: also wenn irgendwelche Planeten verstreut sind, irgendwelche Prozesse geschehen, angenommen, ein Ausbruch der Vulkane in der Erdkruste– das sind quasi die unkontrollierbaren Prozesse.

Wie ich bereits jetzt gesagt habe, ist der Begriff „der eingeführten Unklarheit" – ich bezeichne so dieses System – das ist vom Standpunkt der Steuerung ein System der eingeführten Unklarheit oder quasi das, was z.B. als Chaos bezeichnet wird, es besteht darin, dass dies die Offenbarung von bestimmten, z.B. Normen der physischen Entwicklung ist. Dabei aber können diese Normen kontrolliert werden, d.h. man kann so schaffen, dass kein besonders katastrophaler Ausbruch des Vulkans oder kein Erdbeben oder keine globale Katastrophe geschieht. Dabei muss man aber die Entwicklungsmechanismen der so genannten, sagen wir so, chaosartigen oder scholastischen Prozesse wissen. Diese Prozesse sind in diesem Fall so, dass ihre Offenbarung als ob unter den Grenzbedingungen ihrer Realisierung faktisch in der Optik – ein Element Ihrer Wahrnehmung darstellt, aber auch Elemente des physischen Körpers des Menschen oder des äußeren Milieus.

In diesem Fall halte ich die Vorlesung so, dass ich mit Absicht von der verbalen Bezeichnung des Zieles dieses Vorlesungsabschnittes wegführe. Merken Sie sich: das Gehirn oder, sagen wir so, der Verstand versucht, den zentralen Gedanken in diesem Fall zu aktivieren. Und die ganze Zeit vollzieht sich die Verdünnung der Information, als ob ein Erscheinen von sekundären, irgendwelchen tertiären Sinnen dieses Vorlesungsteils. Das vollzieht sich deshalb, weil ich z.B. die Information „Chaos" genommen habe, und ich arbeite mit dieser Information, stelle quasi diesen Informationsstrom auf. Es ergibt sich, dass das Sinn-Niveau selbstverständlich, verloren gehen muss, d.h. es soll keine logische Reihenfolge in der Wahrnehmung geben.

Beschäftigen Sie sich sorgfältig mit diesem Element als selbständige Arbeit. Das heißt, wenn Sie die Information auf der harten Plattform der logischen Entwicklung aufstellen, oder z.B. auf irgendwelchen Kenntnissen, so haben Sie ein logisch determiniertes System, d.h. ein nach Ursache-Wirkungs-Zusammenhängen verbundenes oder ein verständliches System von Überlegungen. Sie müssen in dieser Hausaufgabe die Steuerung auf chaotischen Verbindungen durchführen, d.h. die kausal nicht verbunden sind, oder überhaupt diese Information einführen – und von hier aus die Steuerung vornehmen. Wenn Sie die Steuerung nach diesem System vollbracht haben, werden Sie sehen, dass dieser Punkt, von dem wir jetzt gesprochen haben und von dem aus Sie die gesamte Realität aufzubauen begannen, sich funktional in keiner Weise von dem Punkt unterscheidet, wo der Prozess ein beliebiger sein kann – als ob entweder ein chaotischer oder ein linearer oder überhaupt ein verständlicher, natürlicher oder ein für die Wahrnehmung unnatürlicher.

Und hier ist ein ziemlich wichtiger Moment – „ein unnatürlicher für die Wahrnehmung". Was kann für die Wahrnehmung überhaupt unnatürlich sein? Die Wahrnehmung ist auch die Wahrnehmung: wenn Sie mit den physischen Augen auf etwas schauen, so müssen Sie, wenn die Luft heiß ist, die Augen schließen. Aber für die Wahrnehmung gibt es keinen Begriff „der heißen Luft", es gibt die Gestalten, die entfernt sind und problematisch sein können – z.B. gewisse Zerstörungen. Also ist die Unnatürlichkeit, angenommen, in diesem Fall durch die Sinncharakteristik eines sogar entfernten Prozesses offenbart, wenn dies das Hellsehen ist. Demzufolge kann man den Begriff „der Unnatürlichkeit" in diesem Fall als einen funktionellen Begriff verwenden. Es reicht nur, das Niveau der Abwesenheit der Unnatürlichkeit einzuführen, und Sie erhalten die Steuerung anhand dessen, dass Sie anhand der geistigen Entwicklung oder des Impulses des Geistes harmonisieren, der sich im chaotischen Prozess aufhalten kann und dabei eine direkte Steuerung durchführen.

Als Hausaufgabe führen Sie folgende Prozedur durch: gestalten Sie die unnatürliche, sagen wir so, Steuerung anhand der chaotischen Prozesse so, damit Sie die zielgerichtete Steuerung immer und sofort erhalten. Das ist die erste Aufgabe. Die zweite Aufgabe ist: Sie müssen – das, was ich gesagt habe – die gleichen Charakteristiken in diesem Punkt und im Bereich der Steuerung von den chaotischen Prozessen aus finden. Und das wichtigste in diesem Teil der Vorlesung – das wird auch das wichtigste im dritten Teil in diesem Fall sein und das betrifft das gesamte System des

Vorlesungsmaterials, von dem ich Ihnen erzählt habe. Sie müssen, erstens, die Anwesenheit des Schöpfers in diesen zwei Prozessen finden: Wo? An welcher Stelle ist Er in Ihrem Bewusstsein, in Ihrer Wahrnehmung anwesend? Als welche Kategorien? Und als welche möglicherweise projizierten Gedankenformen? Und zweitens – wo sind die Kenntnisse beim Schöpfer, die die Genauigkeit der Steuerung eines beliebigen chaotischen Prozesses charakterisieren? In diesem Fall habe ich vorläufig darüber gesprochen, dass man aus einem chaotischen Prozess eine genaue zielgerichtete Steuerung gestalten muss. Und Sie müssen beim Schöpfer das Wissen erhalten.

Jetzt beende ich in diesem Zusammenhang eben diesen Teil der Vorlesung. Da ich gesagt habe – Sie haben auf den zwei ersten Niveaus gearbeitet, auf denen Sie das dritte Niveau aufgebaut und verstanden haben - zeige ich hier einfach als eine kleine Erläuterung eine Technologie, nachdem ich die Aufgabe zur selbständigen Entwicklung für zuhause gestellt habe. Das ist faktisch die Realisierung der Steuerung auf der Grundlage wiederum dieses aufgebauten Punktes, wo der Schöpfer zugegen ist.

Da ich gesagt habe, dass Sie den Schöpfer auffinden müssen, haben Sie natürlich jetzt gefunden und auch in der Zukunft gefunden. Ich nehme aber diese Position, die in der Zukunft bereits bekannt ist, und bringe wiederum in diesen Punkt. Und es ergibt sich, dass ich die Anwesenheit des Schöpfers anhand dessen erhalte, dass Sie Ihn gefunden haben. Wenn Sie Ihn jetzt selbst in der Information finden können, bedeutet das, dass Sie lernen können und Ihre eigene Entwicklung erhalten. In diesem Zusammenhang müssen Sie hier das folgende

Prinzip der eigenen Entwicklung haben, welches selbstverständlich ermöglicht, konkrete Entwicklungsfragen zu steuern: entweder die eigenen Fragen als Praxis, oder die Fragen zur Makrorettung, oder irgendwelche andere. „Die anderen" ist das, was folgt, was zu diesen zwei Niveaus nicht gehört.

Als selbständige Arbeit führen Sie jetzt vor mir eine solche Prozedur durch: jeder hat z.B. irgendwelche Probleme, es gibt irgendwelche Probleme wie die unheilbaren Krankheiten, angenommen, AIDs, Krebs usw., das heißt, allgemein komplizierte Probleme der Menschheit. Jetzt geht es mehr um die Krankheiten. Führen Sie die Steuerung von diesem Punkt aus ein - für alle im Saal Anwesenden oder für diejenigen, die sich die Vorlesung anhören werden, überhaupt für alle. Also die drei Niveaus. Es ergibt sich, dass Sie von diesem Punkt aus ihre Fragen lösen. Das heißt, Sie finden von diesem Punkt aus jene Ereignisse, welche die Norm in Bezug auf dieses Ereignis charakterisieren, d.h. es existiert kein negatives Ereignis.

Finden Sie sofort diese Punkte in Ihrem Bewusstsein. Das muss man vor mir tun, d.h. man muss in diesen Punkt, in diese Sphäre hinausgehen und die Steuerung von diesem Punkt aus erhalten - von dem Punkt, „welcher als ob" ist und „welcher ohne Worte" ist. Und die Steuerung von dem Punkt „als ob" ist sogar dann, wenn Sie Zeit für die Steuerung brauchen. Das heißt, „als ob" ist ein Element der Wahrscheinlichkeit, einfach eine geringe Verlängerung der Zeit, und nicht mehr als das. Die Steuerung soll immer genau sein. In diesem Zusammenhang führen Sie die Steuerung aus diesem Punkt durch. Jetzt machen Sie, jeder nach Möglichkeit, im Zeitraum bis zu einer Minute. Ich beginne in einigen Sekunden wieder zu sprechen. Es gibt einige Sekunden, indem man ohne Wortbegleitung steuern kann.

Wenn Sie jetzt getan haben oder noch tun werden, wie ich gesagt habe – ungefähr eine Minute ist diese Steuerung – müssen Sie gleich die Aufgabe stellen, das in der Zukunft zu verfolgen, was diese Steuerung für alle im Saal Sitzenden, für die Lösung ihrer Fragen, Aufgaben gebracht hatte. Welche Heilungen sind z.B. geschehen? Welche möglichen Probleme globalen Typs waren in neutrale umgewandelt oder in diejenigen, welche schon systembezogen ungefährlich sind? Und so weiter. Analysieren Sie möglicherweise diese Steuerung sehr genau, wo diese kollektive Steuerung positive Lösungen von Fragen hervorgerufen hat: entweder wurde jemand geheilt oder ein Verwandter von jemandem? oder wurde u.a. irgendwo eine technogene, technische Katastrophe gestoppt usw.?

Sobald Sie das analysiert haben, muss man diese Kenntnisse an alle übergeben, wer aufnimmt, oder an alle, wer lernen kann, aufzunehmen, oder man muss ein adäquates System der Wahrnehmung schaffen, wenn das nicht unbedingt Menschen sind. Und damit diese Kenntnisse so sind, dass Sie nicht nur einfach, angenommen, auf dem Planeten Erde die ständige Entwicklung haben werden, sondern damit Sie auch das maximal Gute von allen äußeren Informationsniveaus nehmen können. Aber dabei muss man nur anhand des eigenen Bewusstseins kontrollieren und diejenige Entwicklung haben, welche darüber aussagt, dass die Ewigkeit Ihre eigene Offenbarung ist, d.h. Sie sind auch die Ewigkeit, und Ihre eigene Offenbarung ist auch die Ewigkeit. Also jede Handlung in Ihrer Offenbarung ist ein Element der Ewigkeit. Finden Sie diese Elemente in dieser Übung.

Vom Standpunkt der Information ist die Ewigkeit, obwohl das ein solcher Begriff ist, der zum Begriff „die Unendlichkeit" näher ist, hat aber dieser Begriff in der Wahrnehmung eine bestimmte Form, eine optische Form. Eben diese optische Form muss man in dieser Übung in jedem Element der Handlung auffinden. Wenn Sie so handeln, so kann man als ein hinreichend starkes Niveau der Steuerung einfach dieses Element der Ewigkeit in irgendein zielgerichtetes, sogar logisches Objekt hineinführen, d.h. in die Ereignisse, die noch nicht geschehen sind. Man muss einfach dieses optische Element nehmen und auf den Plan der Ereignisse auflegen, welcher auch ein optisches Element ist, man muss sie verbinden, und Sie bekommen die Steuerung – das ist entweder die Heilung oder die Steuerung von Ereignissen.

Dieser Punkt ist in vieler Hinsicht ein Knotenpunkt vom Standpunkt der Integration von drei Niveaus dieser Vorlesung. Warum ist gerade er ein Knotenpunkt? Wo und warum werden diese Niveaus technologisch angekoppelt? Finden Sie das nach Möglichkeit selbständig. Nach dieser Vorlesung wird es drei telepathische Vorlesungen von 10 bis 11 Uhr abends in einer solchen mechanischen Variante geben: d.h. Sie haben sie sich heute angehört, d.h. heute, dort morgen und übermorgen. Nachdem Sie sich das nach in einigen Tagen angehört haben, werden zum Gegenstand dieser Vorlesung wieder drei telepathische Sitzungen sofort danach durchgeführt. So ist das Prinzip in diesem Vorlesungsmaterial. Damit beende ich den Vorlesungsteil. Jetzt gibt es 15 Minuten bis zur

Erörterung des praktischen Materials.

In diesem Teil des Treffens beginne ich die Fragen zu beantworten. In diesem Fall, wie das schon in vieler Hinsicht üblich ist, muss man sich während meiner Antworten auf die Fragen möglicherweise danach erinnern, wie hier gerade das Vorlesungsmaterial eben der heutigen Vorlesung realisiert wird. Dann wird ein komplexes Wahrnehmungsniveau geschaffen, welches die Anwendung dieses verbalen Materials sofort in der Praxis charakterisiert.

Frage: Die erste Frage ist so – wie arbeitet man mit einem verlustbringenden Unternehmen, wie formuliert man den Status für diese Arbeit?

Antwort: Es ist so, dass der Begriff eines verlustbringenden Unternehmens auf dem Informationsniveau ziemlich einfach wahrgenommen wird. Wenn man das in ein optisches Modell überführt, so kann man das wie in eine tropfenartige Informationsform überführen, als ob eine eigenartige Variante eines Luftballons oder ein Tropfen umgekehrt – das ist die Form dieser Information. Um dieses Unternehmen zu einem nicht verlustbringenden umzubilden, also zu einem solchen, welches normiert ist und mit Gewinn arbeitet, muss man in der Information diesen Tropfen einfach als ob um die Achse des eigenen Bewusstseins drehen.

Die Technologie besteht im folgendem. Sie führen die Bewusstseinsachse in den Anfang ein, oder wenn man sich das als eine konusförmige Form vorstellt, so in die Spitze dieses Konus und beginnen anhand der Arbeit des Geistes eben um das optische Niveau der Achse dieses Bewusstseinsniveaus zu drehen. Dann erhalten Sie eine Steuerung, welche eine Reihe anderer optischer

Linien hervorzurufen beginnt, und Sie können in Ihrer Wahrnehmung sehen, was diese Linien bezeichnen: es ist entweder die Arbeitsorganisation in diesem Unternehmen oder das kann einfach die äußere Verwaltung und Zuführung sein, angenommen, von Aufträgen, Vertriebselementen, oder allgemein die Organisation der Funktionalität dieses Unternehmens. In diesem Zusammenhang ist die Antwort auf die Frage – wie man den Status für solche Arbeit formuliert? – der Status soll in diesem Fall ein geistig-optischer sein. In jener Vorlesung, von der ich jetzt gesprochen habe, dass Sie sie in dieser Technologie anwenden müssen, muss man sie als Konzeption gerade dort anwenden, wo die Optik ist. Das heißt, eben dieses Drehen der tropfenartigen Informationsform um die Achse des Bewusstseins herum überführt zur Steuerung durch den Geist und umgekehrt – der Geist steuert dieses System. Das heißt, also die Anwendung dieser Vorlesung hier.

Frage: Das Sehen und die Sehkraft sind untereinander verbunden; wie kann man mit dem Sehen und mit der Sehkraft arbeiten, wenn man dabei das Sehen auch noch als Verstehen betrachtet?

Antwort: Es ist so, dass das Verstehen selbstverständlich auch ein Punkt der Information ist, und deshalb kann das wirklich das Sehen sein. Man kann das System des steuernden Hellsehens einfach anhand in vieler Hinsicht quasi sogar des Haushaltsniveaus der Entwicklung dieser Technologie erweitern. Sie schauen zum Beispiel mit dem Sehvermögen auf einen physischen Tisch oder auf irgendein Informationsobjekt, angenommen, auf die Tür, die sich hinter dem Tisch befindet, der vor mir steht. Das ist jener Teil des Tisches, der in der physischen Wahrnehmung ein Tisch ist. Ich kann in der Information schauen, was meine Wahrnehmung bedeutet? Danach kann ich schauen – was der Tisch in der Wahrnehmung ist? und auch schauen – was die Tür ist? Und dabei kann ich jenen Teil der Tür, welcher vom Tisch z.B. verdeckt, abgeschattet ist – auch anhand der Wahrnehmung schon nach dem System der Prolongierung der Verbindung vom Tisch zur Tür betrachten.

Nach der Ideologie der heutigen Vorlesung schafft eine solche Prolongierung die Realität der Tür und deshalb kann ich wissen, was sich im für die physische Sehkraft nicht sichtbaren Teil befindet. Das heißt, die physische Sehkraft kann sowohl ein Element der Entwicklung als auch einfach, allgemein, des faktologischen Hellsehens sein. Wenn Sie einfach irgendwelche Konstruktionen auf einer beliebigen Entfernung sehen wollen, u.a. auch auf einer Entfernung „vor sich selbst", so kann man sich allgemein mit einer solchen Entwicklung beschäftigen. Dabei muss man berücksichtigen, dass es möglicherweise gelingt, sich auch nicht besonders lange zu beschäftigen. Erstens, weil nach dem System der Makrorettung das einfache Hellsehen, wo Sie sehen, bedeutet, dass wenn Sie die Übung durchgeführt haben, so ist das auch so geschehen. Das, was Sie auf dem Niveau des Hellsehens gesehen haben, fiel mit dem zusammen, dass Sie aufgestanden sind und sich die Tür mit der physischen Sehkraft physisch angeschaut haben – so ist es auch. Wenn Sie sich im Prinzip bemühen werden, dieses ein zweites oder drittes Mal an einem anderen Platz durchzuführen, kann das nicht zweckmäßig sein, weil in der Faktologie der Rettung das wichtigste ist, die prinzipiellen Fakten anzusammeln.

Autorenseminar, durchgeführt von Grabovoi Grigori Petrovich
am 09. August 2001

Inwieweit dieses direkte Sehen für Sie im Plan der Makrorettung nützlich sein kann - das ist schon eine andere Frage. Falls Sie einmal das gesehen oder empfunden und getastet haben, brauchen Sie das möglicherweise nicht mehr zu tun, indem Sie sich die Frage stellen – ob man das überhaupt machen soll? – weil die Frage der Rettung – keine Frage einfach des Hellsehens z.B. oder der Heilung ist, das ist die Frage der Anwendung der Technologie eben für das Ziel und für die Rettung. In diesem Zusammenhang ist es besser, mit irgendeinem neuen Element zu arbeiten, möge es sogar möglicherweise mit dem Sehen des Objektes z.B. nicht verbunden sein. Es ist besser, möglicherweise auch einfach mit den Elementen der Optik zu arbeiten, aber Sie packen die Optik nicht in die Gestalt aus, weil die Gestalt, allgemein gesagt, ein für die Wahrnehmung mühsames System ist, und es funktioniert oft verlangsamt.

Wenn Sie anhand der Optik arbeiten und die Optik durch den Geist bewegen, so erhalten Sie die Steuerung und Sie verstehen, dass Sie die Steuerung erhalten, dabei es nicht nötig ist, die Gestalten auszupacken. Wenn man wiederum über das Sehvermögen spricht, so ist das Sehen wie das Verständnis – die Sehkraft ermöglicht es, einen Punkt neben Ihrem physischen Körper zu fixieren, d.h. eben den Punkt des Bewusstseins, der sich eben neben dem physischen Raum befindet, d.h. nicht im physischen Raum, sondern neben dem physischen Raum.

Als selbständige Arbeit schauen Sie sich einfach den Unterschied an. Ich kann sprechen – bei mir bewegt sich z.B. die Hand und ich spreche in diesem Bereich, wo ich jetzt mit dem Finger zeige – das bedeutet, wenn ich dorthin den Gedanken hineinlege und als ob mit dem Bewusstsein von hier aus spreche, so ergibt es sich, dass ich neben diesem Bereich sprechen kann, indem ich mich aber quasi physisch wiederum hier befinde. Die Sehkraft ermöglicht es zu sehen – übrigens ist dieser optische Effekt sogar auf dem physischen Niveau sichtbar. Warum entsteht zum Beispiel das Leuchten? Es geht vom Körper aus, es soll übrigens balanciert werden, man muss sich möglicherweise im Hintergrundniveau halten, d.h. das optische Leuchten des Körpers nicht zuzulassen. Weil die Prozesse, die sich beim Denken im physischen Raum vollziehen, das sind die einen Prozesse, wenn Sie diese als ob mit der Sehkraft hierher hinausführen, und die physische Sehkraft funktioniert hier als Steuerung. Sie nehmen einfach und führen z.B. vor sich hinaus.

Wenn Sie neben diesem Bereich arbeiten, so befindet sich die physische Sehkraft auch quasi neben diesem Bereich, dann ergibt sich als ob eine eigenartige Parallaxe – das Leuchten fängt an. Das ist aber ein Begriff der Sensortechnologien. Dort gibt es ein solches Leuchten, es kann entstehen, wenn Sie quasi eben einen solchen Unterschied haben, von dem ich gesprochen habe. Adaptieren Sie das möglicherweise, führen Sie wiederum in den physischen Raum hinaus und arbeiten besser im physischen Raum, um nicht zu leuchten, und quasi keine Fragen von der Seite hervorzurufen. Wenn Sie z.B. eine Steuerung vornehmen, so wird die Steuerung, verbunden mit dem physischen Raum, wiederum durch die physische Sehkraft festgehalten. Merken Sie sich, dass die physische Sehkraft ein Element des Festhaltens der Konstruktion im vorgegebenen Punkt ist. So sind die Antworten auf diese Fragen.

Autorenseminar, durchgeführt von Grabovoi Grigori Petrovich
am 09. August 2001

Frage: Die nächste Frage ist so: Bei der Einbeziehung in das Bewusstsein immer größerer Anzahl von gesteuerten Objekten - wenn man dabei im Rahmen des gewöhnlichen Bewusstseins bleibt - wird es mühsam und zu lange, den Prozess anhand des Durchprobierens zu kontrollieren. Ob Verfahren einer verallgemeinerten Erfassung der Ereignisse und einer verallgemeinerten Steuerung existieren?

Antwort: Es ist so, dass wenn man eben das System des verallgemeinerten Niveaus, sagen wir, in der unendlichen Entwicklung betrachtet, so ist es hier besser, kein Element der Existenz einer solchen verallgemeinerten Erfassung anzuwenden, falls diese Erfassung nicht zielgerichtet ist. Das heißt, eine andere Frage ist, dass Sie das Steuerungsziel einfach setzen können und die allgemeine Verallgemeinerung nach den Makroelementen der Steuerung durchführen, die bereits u.a. erforscht sind, und dann ist das Ziel wie ein von den bekannten Methodiken widergespiegeltes System. Das heißt, um wirklich jede einzeln nicht zu kontrollieren, kann man das gemeinsame Leuchten betrachten – als ob eine Gruppe von Lämpchen, die den gemeinsamen Hintergrund bilden. Dann reicht es aus, die Steuerung im Punkt des gemeinsamen Hintergrundes durchzuführen und Sie erhalten eine vergleichbare Steuerung, diese Steuerung wird aber den einzelnen konkreten Steuerungsfall betreffen und wird dennoch zu keinem quasi allgemeinen Matrixmodell.

Dennoch ist es in diesem Fall besser so zu machen, damit das quasi kein Matrixmodell für alle Fälle sein wird. Es ist besser, das eigene Prinzip der Steuerung in jedem Fall neu zu bestimmen: entweder muss man verallgemeinern oder man muss sich auch möglicherweise mit konkreten Objekten der Steuerung auseinandersetzen. Manchmal muss man, umgekehrt, die Anzahl der Verbindung anwachsen lassen, möge das sogar mühsam sein, oft aber ist es auch lange. Möge es hier geschrieben sein – „mühsam und lange", aber oft muss man das so machen. Deshalb muss man eine Entscheidung je nachdem treffen, wie Ihr Ziel ausgepackt wird, z.B. wenigstens in der Optik. Wenn Sie den Weg einer eigenartigen mühsamen Suche begehen, einen Weg der Abzweigung der neuen hierarchischen Systeme, dann ist der Begriff „mühsam", erstens, auch eine Information. Sie können diese Information einfach herausnehmen, und dann wird die Suche nicht mühsam. Das Wort „mühsam" ist ein gewöhnliches optisches Leuchten, allgemein ist diese Information selbstverständlich steuerbar. Man kann sie so gestalten, dass sie einfach Ihnen quasi zugunsten arbeitet und dabei dieses Steuerungssystem nicht mühsam wird.

Übrigens führen Sie als eine quasi spezielle Praxis möglicherweise direkt jetzt eine solche Steuerung durch, damit die Steuerung ewig reproduzierbar ist und keine Müdigkeit hervorruft. Direkt hier vor mir gibt es eine Sphäre der Steuerung. Beginnen Sie zu praktizieren, d.h. Sie müssen das erreichen, dass die Steuerung von Ihnen als eine beständige – im Idealfall als eine ewige Steuerung gemacht wird, und dass Sie dabei nicht müde werden. Was muss man dann tun, um das Niveau der Müdigkeit von dieser Steuerung aus weg zu nehmen? Führen Sie die Steuerung zuerst in der Sphäre vor mir durch: die Sphäre mit dem Radius von ca. 50 cm befindet sich in 2 Metern vor mir und in 50 cm über der Oberfläche des Fußbodens. So sind geometrische Daten dieser Sphäre.

Führen Sie eine beliebige Steuerungsaufgabe hinein

und schaffen im Bereich dieser Sphäre so, dass die Steuerung nicht ermüdet. Sie haben jetzt einige Sekunden Zeit dafür. Die Technologie der Beseitigung der Müdigkeit unter den Bedingungen der Anwendung der heutigen Vorlesung besteht in diesem Training darin, dass Sie die Gestalt der Steuerung auf der inneren Oberfläche dieser Sphäre sehen. Sobald Sie die Gestalt der Steuerung als ob eine eigenartige optische widergespiegelte Gestalt wahrnehmen, leuchtet dort einfach ein optischer Faden innerhalb dieser Sphäre, und die Gestalt fällt optisch auf die Sphäre, dort, wo die maximale Konzentration dieses optischen Leuchtens ist. Führen Sie eine, wenn auch möglich kurze Konzentration durch und Sie erkennen, dass die Müdigkeit beseitigt wird, mehr noch, man kann sehen, dass ein Interesse für das Spezialgebiet erscheint und Interesse – das ist die Genauigkeit der Steuerung in diesem Kontext. Also man kann die Interessen der Steuerungen schaffen, indem Sie eine solche Prozedur machen. Ich habe jetzt, allgemein gesagt, das hinzugefügt, was man noch hinzufügen müsste.

Nach Möglichkeit schauen Sie sich als selbständige Arbeit die Erfahrung von den im Saal Anwesenden an, die selbständig arbeiteten, um Müdigkeit abzuschaffen, nehmen Sie diese universelle Erfahrung von diesem Saal und verteilen dieses Wissen auf alle. Wenn Sie dieses Wissen verteilt haben, schauen Sie, wie sich das Kollektive Bewusstsein zu stabilisieren beginnt, und die Menschen beginnen im Prinzip, ein solches Element wie Müdigkeit in vieler Hinsicht zu verlieren, wobei man das auf dem physischen Niveau sieht. Schauen Sie sich an, wie diese Information um die Welt weitergehen wird, und schauen Sie sich besonders die zukünftige Zeit an, z.B. mit einem Intervall von einem Jahr voraus oder von 10 Jahren voraus. Das heißt, schauen Sie sich möglicherweise an – wie ein Element – was ich jetzt als Aufgabe stelle – wie ein Element der Handlung des Kollektiven Bewusstseins, z.B. im Saal im Intervall von vielen Jahren und weit voraus hervorruft. Demzufolge besteht die Aufgabe darin, um Schlussfolgerungen ziehen zu können, nach denen Sie den anderen die Elemente der Entwicklung des Kollektiven Bewusstseins in Richtung der Makrorettung beibringen können.

Frage: Wie muss man die Arbeit mit der Informationsmatrix des Dahingegangenen richtig aufbauen?

Antwort: Die Arbeit mit einer solchen Matrix, die durch den biologischen Sinn des Wortes, durch den sozialen, als ob den kollektiven Sinn des Wortes, welches früher war, primär bedingt ist, muss man sofort so durchführen, dass dies die Matrix eines Lebenden sein soll. Also ist das aus der Sicht der heutigen Vorlesung ein Element der Überführbarkeit der Information von einem Objekt in die Seite, z.B. eines Elementes des wiederherstellenden Typs, oder man muss sofort in die Seite des Lebenden gestalten. Deshalb soll die Arbeit mit der Informationsmatrix des Dahingegangenen im Idealfall immer wie die Arbeit mit der Matrix eines bereits Lebenden vor sich gehen, und man muss die Ereignisse von diesem Niveau aus aufbauen, es ergibt sich, in die Seite quasi dieser Matrix, die sich bereits im Milieu der Lebenden befindet.

Wenn Sie diese Arbeit durchführen werden, gibt es hier einen inhaltsreichen Sinn der Funktionalität, sagen wir so, der Erscheinungen der Welt. Zum Beispiel, wenn Sie solche Informationsobjekte wie Steine oder, allgemein, reproduzierte technische Systeme, einige Pflanzentypen betrachten, schauen Sie, warum das nur einige Typen und nicht alle sind? Sie werden sehen, dass, um ein Element zu schaffen, nehmen wir, angenommen, ein solches Realitätselement wie ein Ohr des Hundes (man kann im Prinzip auch ein beliebiges nehmen), damit man es z.B. aus verschiedenartigen Elementen schafft, d.h. diejenigen, die zu den Lebenden zählen, zum Beispiel einen Baum, der als ein an die Lebenden angenähertes System besser funktioniert, oder einen Stein, der in diesem Plan weniger funktional ist, so besteht das System von Überführungen dieser Information in die Information des Ohres des Hundes und danach des kompletten Hundes darin, dass Sie ziemlich deutlich die Übergangsniveaus von einem zum einem anderen sehen müssen, d.h. wie im Moment der Organisation dieser Handlungen Ihr Bewusstsein funktioniert.

Machen Sie jetzt vor mir eine solche Übung, d.h. schaffen Sie, beobachten Sie den Übergang dieser Information, wie diese Information übergeht. Das heißt, Sie bauen z.B. eine Form, die das Ohr des Hundes bezeichnet, aber Sie bauen aus verschiedenen, sagen wir, von mir genannten Elementen der Information. Sie müssen gerade jetzt eine solche Steuerung vollbringen, welche die Form dieses Ohres schaffen wird, aber unter Berücksichtigung dessen, dass es weiter den ganzen Hund und die gesamte äußere Welt gibt. Das heißt, eine Steuerung, die berücksichtigt, dass man aus einem Ohr den ganzen Hund aufbauen, betrachten oder schaffen kann. Sie müssen verstehen, dass es ein Prinzip des geistigen Niveaus der Informationsentwicklung ist, welches beinhaltet, dass dies auf dem mechanischen, quasi mechanisierten Niveau oder nur auf dem optischen Niveau als Ganzes im Prinzip nicht aufgebaut werden kann. Das heißt, viele Sachen werden geistig verstanden, aber dabei werden sie in der Optik nicht aufgebaut. D.h. hier überkreuzt sich das Verständnis mit dem optischen Modell der Realitätsrealisierung

Wenn Sie das z.B. getan haben, indem Sie etwas oder z.B. alles auf dem geistigen Niveau verstanden haben, und Sie haben dabei die Überführung der Formen durchgeführt, so entsteht weiter eine logische Konstruktion, die im Prinzip ziemlich einfach ist: man muss auf dem Informationsniveau das Ohr des Hundes herausfinden – was ist das für ein Volumen? was stellt es von sich aus vor? Angenommen, ich nehme die angeführte Form: eine Sphäre mit dem Radius von 2 cm. Was stellt von sich aus einen Baum dar, den Sie für die Steuerung nehmen? Möge das eine Sphäre mit dem Radius von 1 cm sein. Und ich nehme einen beliebigen Stein, der dazu passt, - eine Sphäre mit dem Radius von 5 cm. So habe ich im Prinzip drei Sphären erhalten. Ich muss aus zwei Sphären die eine mit dem Radius von 2 cm erhalten, das ist eine gewöhnliche geometrische Aufgabe. Die Frage besteht eben nur darin – was ich dabei denken muss? und wo ich diese Sphären im Raum meiner Wahrnehmung aufstellen muss?

Wenn Sie praktizieren, so ist der Raum der Wahrnehmung auch dieselbe Information, aber sie bezeichnet jene Sphäre, und es gibt möglicherweise eine solche Variante – man kann in diesem Fall einen Ball, aufgefüllt mit einer bestimmten Information, benutzen, dass dies auch jene Gesetze sind, nach denen der ganze Hund aus einem Ohr entsteht. Das ist auch die Information. Es ergibt sich, dass ich einfach nur die informativen Konstanten aufbauen kann, welche ich einfach betrachtet und gesehen habe – und hier kann ich das System aufbauen. Wenn man z.B. lange aufbaut oder dieser Aufbau detailliert werden muss, so kann ich die Steuerung vornehmen, welche bezeichnet, dass dieser Aufbau auch die Entwicklung von jenem Niveau ist, welches das eigene Niveau ist und den eigenen Geist entwickelt. Und dabei gibt diese Steuerung auch die Steuerung zur Rettung desselben Hundes, derenthalben man auch u.a. z.B. von der möglichen globalen Katastrophe retten kann, weil ich hier einfach ein konkretes Beispiel angeführt habe.

Es kam so vor, dass in ein Kernkraftwerk Dynamit hineingelegt wurde. Und dabei war die Situation quasi so, dass man nur einen Hund hineinlassen konnte, um dieses Paket herauszuholen. Und wenn der Hund lief, ist es so geschehen, dass sein Ohr verwundet war. Diese Situation konnte nur in zwei Konstruktionen gelöst werden: daneben war ein Stein und quasi ein eigenartiges Gewächs, dass die Steuerung in diesem Fall - als Entwicklungsdynamik der Gestalt von dem Stein aus bis zur Pflanze durchgeführt werden konnte. Und diese Dynamik gab die Steuerung dem darauf folgenden Körper des Hundes, wo der Kontakt z.B. zwischen dem Stein und der Pflanze und dem Ohr war, das eben im Moment, als der Hund lief, verwundet wurde.

Wenn wir aber den direkten und prompten Zugang brauchen, damit dieses Kernkraftwerk sogar auch vom Dynamit nicht zerbersten kann, so besteht dann diese Steuerung eben in den Übertragungssystemen, dass wir aus zwei Beziehungen „Baum und Stein" [das erreichen..], und der Baum stößt das Ohr irgendwie an, es wird verletzt. Und dabei war es so geschehen, dass der

Hund fixiert wurde und nicht weiter laufen konnte, weil es dort irgendeinen Stachel von einem Gewächs gab. Es ergab sich so, dass man die Steuerung eben unter diesem Baum sogar im physischen Sinne aufnehmen musste. Weil es im Prinzip wenig Zeit nach dem Zeitgeber gab, der sich an einer anderen Stelle befand, so musste man diese Aufgabe auf dem physischen Niveau lösen können, von dem Zusammenwirken z.B. des Baumes und des Steines.

Das heißt, was kommt in der Wahrnehmung an erster Stelle, z.B. zu den Dienstellen, die sich mit antiterroristischer Tätigkeit beschäftigen? Dass ein Hund geschickt wurde, und er stecken geblieben ist, weil sein Ohr von irgendeiner Pflanze durchgestochen wurde, die sich neben einem Stein befindet. Das heißt, das ist jedenfalls die primäre Information der Wahrnehmung und man muss die Steuerung ohnehin von diesen Elementen aus aufbauen. Das, was ich sage, hat nicht nur eine zielgerichtete und allgemeine, quasi kanonische Bedeutung – dass man aus einem beliebigen Objekt ein beliebiges anderes aufbauen kann – sondern auch das, dass die äußere Realität im Prinzip in der Wahrnehmung verläuft und eben von demselben Niveau aufgebaut ist. Demzufolge ist das eine Steuerung – die als ob von Ihnen ausgeht – dass Sie im beliebigen Fall das Objekt aufbauen müssen.

An diesem Beispiel ist es klar, dass es besser ist, den Hund vom Ohr aus bauen zu können, dann sind Sie universell vorbereitet, dass wenn eine solche Situation passiert, bauen Sie den Hund einfach komplett nach, als ob Sie das Ohr z.B. austauschen, und er läuft weiter. Eine andere Frage ist, dass wenn man z.B. ein Element der Steuerung hat, kann man, angenommen, die

Autorenseminar, durchgeführt von Grabovoi Grigori Petrovich
am 09. August 2001

Dematerialisation oder Teleportation dieses Pakets vornehmen. Dann entsteht aber die Frage – wie funktioniert eben dieses andere soziale System? Es gibt doch die Hunde, die das im Prinzip tun können. Dann muss man entweder alle belehren, das tun – teleportieren, oder man muss das übliche System anwenden.

Der Begriff „der Harmonisierung bei der Entwicklung" besteht darin, dass man die zugänglichen Systeme auch als Elemente der Offenbarung des Kollektiven Bewusstseins benutzt, damit die Entwicklungsordnung derjenigen natürlichen Systeme nicht verletzt wird, die auch funktionsfähig sind. Deshalb war die Anwendung der Steuerung in diesem Fall darauf zurückzuführen, dass diese Überströmung der Information von der Pflanze zu dem Stein als eine Steuerung zur Beschlagnahme des Paketes z.B. durch die Information ging, wo der ganze Hund nachgebaut worden war. Demzufolge, wenn Sie mit den Elementen der Steuerung arbeiten, mit dem Element der informationellen, im Grunde genommen, Matrix, zum Beispiel des Davongegangenen, so soll die Matrix des Auffindens des Dahingegangenen unbedingt schon in den Niveaus der Lebenden sein, d.h. dort, wo man schon lebt. In diesem Fall, wenn man diese Formulierung benutzt, so ist die Steuerung mit demselben Niveau, wenn das Paket herausgenommen wird, und keine Vernichtung dieses Kernkraftwerkes geschieht, welche katastrophale Folgen z.B. in einer ziemlich großen Region hervorrufen könnte.

Hier ist das folgende Element – dass die Fixierung des Niveaus der Lebenden, aber zum Beispiel nicht für konkrete lebende Menschen, sondern für den Zustand desselben Steins, für den Zustand derselben Pflanze oder für die Dynamik desselben Hundes. Sie fixieren das Niveau der Lebenden nicht nur als die Verkörperung der Zugehörigkeit zu den Menschen, sondern in einem breiteren Kontext. Dann vollbringen Sie die Steuerung des Ereignisses und erhalten das, dass z.B. dieses Paket mit dem Sprengstoff nicht explodiert. Deshalb ergibt sich, dass die Steuerung für die Herausführung der Matrix in die Struktur der Wahrnehmung, dass dies sofort ein Element ist, welches von den Lebenden ausgeht, das ist eine mehr allgemeine Steuerung, das ist nicht einfach unter den lebenden Menschen, sondern das ist dort, wo das Wort „die lebenden Menschen" die gesamte Realität steuert. So ist ungefähr die Formulierung der gegebenen Konstruktion am Beispiel, das ich jetzt angeführt habe.

Frage: Wie kann man die Kenntnisse der anderen Verkörperungen auspacken?

Es ist so, dass bei der existierenden Tendenz, einen solchen Wert auf den physischen Körper zu legen, dass man den Körper überhaupt nicht zerstören darf und die Aufgaben der ewigen Entwicklung von jedem gestellt werden müssen - hier ist der Begriff der Verkörperung, d.h. es wird anscheinend die reinkarnierende Verkörperung gemeint - hier hat nach meinen Angaben die Steuerung wiederum eine Bedeutung. Wenn man über die Auspackung spricht, so muss man hier betrachten, was Sie aus der Sicht der Verkörperung betrachten wollen – das heißt, welche Charakteristik der Verkörperung und welchen z.B. sozialen Sinn Ihrer Verkörperung.

Bei mir gibt es einen solchen Begriff wie „die Karma der Steuerung", wo die Karma, wenn man allgemein den Begriff der Karma benutzt, die Karma als ein System quasi der Ursache-Wirkung-Erscheinungen auftritt, die zum Beispiel eine gewisse obligatorische mögliche Erscheinung hervorrufen. Hier habe ich für die Rettung aller einen Vorfall mit bestimmter Analyse, in bestimmten Werken aufgeführt. Ich habe dort ein solches Niveau wie „die Karma der Steuerung" eingeführt, dass für die Rettung desselben Kernkraftwerkes vor einer globalen Explosion keine Aufgabe gestellt wird – warum das jetzt geschieht? und ob es z.B. eine Karma-Struktur ist?

Es gibt oft einfach keine Zeit dazu, um quasi die karmische Reinkarnations-Struktur von denen zu analysieren, die der Gefahr einer möglichen Vernichtung in Verbindung mit dieser Explosion ausgesetzt werden. Deshalb ist dabei die Karma der Steuerung – die Schaffung eines mehr allgemeinen Systems in der räumlichen Wahrnehmung, wo ein Punkt der Aktivierung praktisch die Steuerung gibt und gleichzeitig die karmische Abhängigkeit auflöst. Das heißt, es ergibt sich, das ist die Steuerung, wo Sie, erstens, in keiner Weise z.B. die karmische Abhängigkeit der anderen durch den Austritt in den mehrdimensionalen Raum auf sich nehmen, wo das Steuerungsziel die Rettung von allen ist.

Dieses Ziel – das ist die Quelle, so ergibt es sich, der Beseitigung von karmischen Plänen, wenn man überhaupt z.B. die Karmen- oder Reinkarnationstheorie benutzt. In diesem Fall, wenn wir über die Verkörperungen sprechen, haben wir eben die Reinkarnationstheorie, weil es außer dieser z.B. die Verkörperung von der Steuerung durch den Körpers gibt. So gibt es dort in diesem Fall nach der

Reinkarnationstheorie, natürlich ein Merkmal der Karmentheorie und - Praxis. Es ergibt sich hier so, wie beim Karma der Steuerung: ein mehrdimensionales Gebiet löst die Fragen, Sie erreichen die Steuerung, indem die karmische Abhängigkeit beseitigt wird. Dieser Fakt ist auch die Rettung für denjenigen, den Sie retten. Hier kann man dazu auch mehrdimensional herangehen, das heißt, erstens, die Systeme sichtbar machen, welche Sie brauchen, damit die Zukunft bestimmt wird und damit sie stabiler wird.

Dann müssen Sie, allgemein gesagt, in den Bereich hinausgehen – in Analogie einfach zum Karma der Steuerung nach dem Rettungssystem – in einen mehr allgemeinen Bereich, d.h. in einen solchen, der in einem Punkt des Bewusstseins mehr funktionale Verbindungen hat, d.h. in einen Bereich mit noch mehr Dimensionen. Der Unterschied ist hier so - für ein einfaches Verständnis in einem etwas mechanisierten Sinn - dass wenn Sie in einem Bereich des Bewusstseins denken und dabei nach den Ursache-Wirkung-Zusammenhängen denken, dass jede Verkörperung absolut konkret, linear ist, so können Sie in einem Bereich z.B. eine x-malige Anzahl von Ereignissen auspacken, die dem Leben z.B. einer Reinkarnationen entspricht.

Sobald Sie in den Punkt der Anwesenheit eintreten, das heißt - „was es dort gibt, das sind auch Sie" – dann unterscheidet sich für Sie das Reinkarnationssystem von dem in keiner Weise, was eine Sekunde zuvor geschehen war. Das ist eben der geistige Zustand, dass dies z.B. Ihre Reinkarnation im Plan eben der Optimierung, einer quasi für Sie positiven Offenbarung ist. Sobald Sie zum Begriff der Wahrheit der Offenbarung hinausgehen, so besteht die Wahrheit darin, dass Sie die Steuerung durchführen müssen, damit Ihre Umbildung nach der Reinkarnation, sagen wir so, Ihr Reinkarnationssystem maximal effektiv für das System der Makrorettung funktioniert.

Es ist so, dass dem Wesen nach die Welt so eingerichtet ist, dass jeder sich sowieso dazu vorbereitet, um an irgendwelchen möglicherweise prinzipiellen Situationen teilzunehmen, die zur Makroregulierung des Lebens entstehen können. Das jetzige Entwicklungssystem ist so, dass jetzt die Menschen von irgendeinem globalen System nach Art des nuklearen Niveaus oder sogar des bakteriologischen oder chemischen vernichtet werden können, wobei praktisch gleichzeitig, so sind die Reinkarnationssysteme hauptsächlich so gestaltet, dass ihre Entwicklung und Ausrichtung auf die Lösung dieser Aufgabe orientiert sind. In diesem Zusammenhang ist es einfacher, eben die Niveaus für die Rettung auszupacken, wo Sie z.B. Wissen oder Verfahren nehmen können. Obwohl es in der Regel auch nicht nötig ist, die Verfahren direkt mechanistisch zu übertragen, man muss irgendeinen korrelierenden Koeffizienten für diese Zeit einführen, wenn Sie dort z.B. vieles vorhaben.

Die andere Frage ist, dass es einfacher ist, mit der Information der Zukunft zu arbeiten, als wenn Sie die Reinkarnationssysteme benutzen, und dann müssen Sie einfach wählen, wie auch bei jeder beliebigen Steuerung. Jetzt bin ich beim Kernpunkt in dieser Antwort gelangt. Dieser Prozess der Wahl ist auch das mehrdimensionale Niveau des direkten Zuganges, d.h. der Wahlprozess erklärt sofort die Mehrdimensionalität im Punkt des Zuganges, und die Steuerung kann blitzschnell sein. Als selbständige Arbeit schauen Sie sich an, dass der direkte

Zugang auch praktisch die Steuerung der Verkörperungen primär darstellt. Wenn Sie z.B. die Steuerung eines solchen Charakters durchführen, dass Sie z.B. „mit einer Zeit" oder im Laufe irgendwelcher Zeit steuern können, versuchen Sie zu sehen, worin der Unterschied bei der Steuerung ist, wenn es Zeit gibt oder wenn es zum Beispiel keine Zeit gibt.

Also finden Sie jenen universellen Bestandteil, dass wenn man bei Vorhandensein irgendeiner Zeit steuert, oder wenn Sie sofort steuern, wenn man allgemein auch keine Zeit aus irgendwelchen Gründen hat, oder wenn Sie das Zeitelement in der Wahrnehmung – z.B. mehr als eine Sekunde oder sogar weniger - nicht benutzen wollen. Schauen Sie sich an, dass dies gleich ist. Sobald Sie finden, dass die Steuerung mit dem Vorhandensein der Zeit oder die sofortige Steuerung im Prinzip ein und dasselbe ist, gelangen Sie eben in den Punkt, wo Sie sehen, wie das System des Zuganges gerade zur Verkörperung über die Reinkarnation gesteuert wird. Das heißt, das ist der geistige Punkt und der Punkt des Bewusstseins gleichzeitig – das ist eben der Zugang zur Auspackung. Sobald Sie ausgepackt haben, haben Sie, erstens, die zielgerichtete nützliche, sagen wir so, Auspackung und, zweitens, können Sie irgendein Potential aus der Reinkarnation benutzen.

Frage: Die nächste Frage ist über die Ziffernordnung.

Antwort: Ich werde jetzt die Fragen vorlesen, hier geht es eben darum, dass es eine solche Wortverbindung – „Ziffernordnung" gibt. Es ist so, dass diese Frage eben in diesem Teil eine wichtige Bedeutung vom Standpunkt des Verständnisses der Verbindung hat, z.B. der Ziffer und der Elemente der äußeren Realität: eben der Begriff der Ordnung von Ziffern, wo jede Zahl z.B. hinter irgendeiner anderen und umgekehrt steht, wenn eine Zahl zum Beispiel von beiden Seiten umgeben ist, das heißt, es gibt rechts von der Zahl eine Zahl und links, wenn es aber rechts von der Zahl keine Zahl gibt, was entsteht dann? Also betrachten Sie jetzt in diesem Kontext, indem Sie vor mir arbeiten, schauen Sie sich quasi den energetischen Sinn einer solchen Kombination der Ereignisse an: das erste Element der Ereignisse – das ist die Zahl und ringsum sind zwei Zahlen.

Möge das wiederum vor mir eine Sphäre mit einem kleinen Radius, z.B. von 10 cm sein. Nehmen Sie eine Sphäre mit einem Radius von 20 cm auf eine Entfernung z.B. von 5 Metern von mir, wo eine Zahl ist - oder möge das sogar eine Ordnung von Zahlen sein. Und danach gibt es schon keine Zahl weiter, die Zahl ist zu Ende. Schauen Sie sich den Unterschied bei diesen Sphären an, worin unterscheiden sie sich außer dem Maß, der Entfernung? Und die Linie, welche die Zentren dieser Sphären verbindet, das ist auch – im Kontext meiner Vorlesung – die Ziffernordnung. Die Ziffernordnung kann man interpretieren, dass dies gerade eine Ordnung im gewöhnlichen Haushaltsverständnis ist, d.h. so sind die Ziffern eben in Ordnung.

Wenn Sie z.B. den geistigen Sinn dieser Vorlesung betrachten, so sehen Sie die Interpretation z.B. des Weltalls als ob von Innen aus. In diesem Fall ist das Weltall sehr hell und als ob von innen. Gehen Sie in jenen Zustand des Lichtes hinein, wenn Sie das Licht als ob von innen sehen. Warum ist es klar, dass das Licht immer überall sein wird, das heißt, das Wissen der Schöpfung überall immer sein wird, weil es eine Ordnung gibt. In diesem Fall ist das die Ordnung der

Ziffern.

Versuchen Sie das analoge Niveau der Ordnung, welches ich, allgemein gesagt, in vieler Hinsicht vom Standpunkt des optischen Modells beschrieben habe, in allem anderen herauszuführen. Zum Beispiel die Ordnung des Lebens, der Entwicklung des Weltalls usw. oder die Ordnung der Ewigkeit. Das heißt, wenn Sie das Wort „Ordnung" benutzen, so kann welche Ordnung überhaupt bei der Ewigkeit sein? Wenn man logisch überlegt, so ist die Ewigkeit, es ergibt sich so, auch quasi die Ewigkeit und dort ist eine beliebige Anzahl von Kombinationen verschiedener Erscheinungen möglich. Aber wie kann dann dort irgendeine festgesetzte Ordnung sein? Es ist sofort klar, dass der Schöpfer – auch die Ordnung ist, d.h. der Schöpfer, der geschaffen hat, Er hat auch die Ordnung geschaffen. Dann ergibt sich eine solche Frage, dass die Frage über die Ordnung – die Wechselwirkung mit dem Schöpfer ist, der Erhalt des Wissens über die laufende Ordnung der Handlungen. Also betrachten Sie den anderen Sinn von dem, was ich gesagt habe, an diesem Beispiel.

Frage: Wie kann man ein unerwünschtes Ereignis in der Vergangenheit löschen?

Antwort: Es ist so, dass man ein unerwünschtes Ereignis, erstens, anhand des Verfahrens der Änderung löschen kann - als eines besonders fundamentalen Verfahrens der gesamten Realität. Dabei erinnern Sie sich schon in der Zukunft nicht mehr, dass das Ereignis z.B. existierte, das heißt, wenn Sie quasi diese Aufgabe stellen, weil hier der Begriff der Funktionalität des Gedächtnisses ohnehin existiert. Dann existiert ein anderer Typ des Gedächtnisses, das ist der geistige Zustand, welcher charakterisiert, dass dies geschehen ist.

Autorenseminar, durchgeführt von Grabovoi Grigori Petrovich
am 09. August 2001

Das heißt, wenn es die Möglichkeit irgendeiner Katastrophe gab oder irgendeine vergangene Katastrophe war, muss man das bei bestimmten Handlungen, selbstverständlich, umstrukturieren, das ist manchmal möglicherweise bei einem bestimmten großen Umfang durchaus möglich.

Eine andere Frage ist – inwieweit das zum Beispiel für alle nötig ist? für Sie persönlich? Wenn Sie meinen, dass es einfach auch für Sie nötig ist, kann man das tun. Und man muss daran denken – dass quasi das Matrix-Gedächtnis, das Sie haben, - die Akkumulation des Wissens ist. Es befindet sich hauptsächlich im Bereich, nun ungefähr wie eine Projektion des Herzens, etwas weiter vom physischen Körper, ca. 10 cm entfernt. Dort gibt es vor dem Brustkorb einen Punkt, wo gerade eben die Information über die Ereignisse vorhanden ist, die in der laufenden Zeit willkürlich oder unwillkürlich im Prinzip gelöscht werden.

Zum Beispiel, wenn Sie das System der Realitätsentwicklung als ein inertes System betrachten, was auch so ist, wenn man das so, erstens, betrachtet, ja?.. und zweitens, ist es so logisch und es ist so in der Natur der Sachen. Das heißt, wenn es die Trägheit von Gummi gibt oder die Trägheit irgendwelcher Elemente der Realität existiert, so habe ich besonders beim Löschen der Information auf den Objekten bemerkt, die zu den Katastrophen globalen Charakters – wie dieselben Kernreaktoren - führen können, dass „die Auflistung der Ereignisse" quasi kontinuierlich vom Niveau des Negativismus der Situation abgeführt wird, das heißt, zuerst meldet sich, angenommen, eine Abteilung, dass es dort die Norm ist, obwohl die zweite parallel, bei Anwesenheit der direkten Verbindung, noch sagt, dass sie die katastrophalen Erscheinungen sehen, dann kommt die zweite usw. Es vollzieht sich quasi das Löschen eines eigenartigen Ereignisses.

Zum Beispiel, angenommen, gibt es Probleme mit dem Reaktor, die zur Katastrophe führen können, - dieses Ereignis aber wird ohnehin schrittweise gelöscht. Nachdem es bis zur Dokumentation gelöscht wird, können keine Strukturen in der Dokumentation allgemein hintergelassen werden; die Dokumentation und sogar das Gerätesystem widerspiegeln praktisch nicht das vollzogene Ereignis, obwohl doch manchmal auch in etwa 80% widerspiegeln, es bleibt als ein Entwicklungssystem des nächsten Niveaus der Widerspiegelung. Es gibt aber Fälle, wenn das nicht nötig ist. Dann wird das Gedächtnis über solche Systeme zum Geisteszustand im lokalen Punkt, und Sie können ihn auspacken und schauen – wieviel Ereignisse des negativen Planes Sie im Prinzip, z.B. im Moment der Steuerung gelöscht haben, und welche möglicherweise dort in bestimmter Peripherie sind.

Das heißt, die Trägheit der Information geht nicht nur von Ihnen aus, sondern auch zu Ihnen. Sie können das Trägheitssystem irgendwo löschen, aber im bestimmten System, das sogar physisch offenbart ist, ist diese Situation schon geschehen. Und dann ergibt es sich, dass Sie diese Information gelöscht haben – nun können Sie quasi auch kein logisches Gedächtnis haben. Wenn Sie aber den logischen Typ des Gedächtnisses wiederherstellen wollen, dann müssen Sie in diesen Punkt hineintreten, auspacken und sich diese Realität anschauen – was Sie überhaupt gemacht haben. Wenn Sie allgemein wollen, kann man die Elemente finden, welche beweisen würden, dass dies geschah.

Autorenseminar, durchgeführt von Grabovoi Grigori Petrovich
am 09. August 2001

Die andere und grundlegende Frage besteht – in eben dieser die Frage - darin, dass der Schöpfer eben alle auch dermaßen frei geschaffen hat, dass der Zugang zum Löschen in der Vergangenheit dermaßen unendlich ist, inwieweit die Steuerung der Prozesse der Zukunft unendlich ist. Und das Element der Unendlichkeit besteht darin, dass Sie zum Beispiel das logische Gedächtnis haben. Das heißt, in diesem Fall ist die Logik – die Offenbarung der Unendlichkeit. Dann können Sie die Steuerung durchführen – von der Vergangenheit aus löschen, indem Sie sogar die faktologischen Attribute, z.B. der physischen Realität, irgendwelche Gegenstände löschen, aber dabei haben Sie natürlich ein absolutes, klares Gedächtnis über dieses Ereignis.

Dann besteht die Technologie - und das ist klar - nur darin, dass Sie sich das Ziel setzen müssen – wie auch jede beliebige Steuerung – wozu die Steuerung anhand des Löschens gemacht wird? Wenn diese Steuerung z.B. in der Zukunft quasi zu einer bestimmten Reihe von Ereignissen führt, die Sie wirklich brauchen, dann gibt es kein Problem – man kann löschen. Es ist aber selbstverständlich, dass Sie in diesem Fall das haben, dass Ihr physisches Gedächtnis das gewöhnliche Ereignis der Vergangenheit bewahrt, aber für die Steuerung, wenn dieses Löschen nötig ist, dann löschen Sie.

Frage: Gerade in dieser Vorlesung möchte ich möglicherweise noch einige Fragen ergänzen, die Fragen des technischen Planes über die zweite höhere Ausbildung: zum Beispiel sagen – wann diese anfängt, wie lange sie dauert usw.?

Antwort: Es ist so, dass unter Berücksichtigung dessen, das dieses Programm von mir, dem meine

Bücher zur Strukturierung des Bewusstseins zugrunde liegen - das sind „Angewandte Strukturen des schaffenden Informationsgebietes", „Vereinheitlichtes Wissenssystem" und die Vorlesungsmaterialien im Video, allgemein gesagt, alle Materialien - dieses Programm vom Bildungsministerium als staatliches Programm bestätigt ist. In diesem Zusammenhang gibt es schon jetzt eine Möglichkeit, nach einer quasi Standardbildung – meiner Meinung nach sind das etwa 1018 (eintausendeinhundertachtzehn) Stunden - ein Diplom über die Hochschulausbildung, über die zweite Hochschulausbildung im Fach „Experte für die Steuerung anhand der Technologien der vorbeugenden Prognostizierung" auszustellen.

Um dieses Diplom zu erhalten oder diese Ausbildung zu absolvieren, muss man, erstens, die Stundenzahl entweder der selbständigen Arbeit und der Vorlesungen oder alleine die Vorlesungen in höherem Anteil ansammeln. Es ist jetzt noch keine fest vorgegebene Frage in diesem Plan und ich denke, dass ich einen solchen Typ der Ausbildung denjenigen vorschlagen werde, die z.B. eben diese zweite höhere Ausbildung möchten. Es muss, erstens, irgendwo gezeigt werden, dass eine bestimmt Anzahl der Vorlesungen durchgearbeitet wurde. In der Regel wird das auch für diejenigen berücksichtigt, die die Vorlesungen bereits jetzt besuchen.

Zweitens, wenn die Rede eben von einer höheren Ausbildung ist, so muss man hier formal und in vielen Fällen tatsächlich die zusätzlichen Stunden ansammeln, wenn es faktisch um die minimale Stundenzahl geht, man muss einfach diese Stundenzahl ansammeln. Und dann ergibt es sich, dass der Status quasi formal aufrechterhalten wird, der gewöhnliche Status, der an der Hochschule gilt, dass eine bestimmte Stundenanzahl vorhanden sein soll: irgendeine Anzahl des Direktstudiums, der Hausarbeit oder des Fernstudiums. Das muss man einfach im Programm finden, man muss bei Georgi Stanislavovich den Studienplan nehmen und schauen – welche Stundenzahl für welche Disziplinen aufgesammelt werden muss. Und entsprechend diesen Disziplinen werden die Berichte gewöhnlicher Art vorbereitet und das Praktikum abgelegt.

Hier ist im Prinzip eine hinreichend standardmäßige Prozedur, die üblicherweise angewandt wird. Hier geht es um das Wissen, u.a. des faktologischen Materials, das heißt, es wird das Material gemeint, welches diesem Programm zugrunde liegt. Dazu zählt das Buch „Angewandte Strukturen des schaffenden Informationsgebietes" und „Vereinheitlichtes System des Wissens" und noch die Methodiken der Steuerung, verbunden mit einer stabilen Entwicklung. So sieht es eben im Plan der Literatur aus, wenn man über den Textteil spricht, so ist es in Wirklichkeit nicht so viel.

Eine andere Frage ist, dass mein Ziel ist - wie bei jeder Steuerung, bei jeder Bildung, – eine Bildung zu geben, welche die Steuerung zur Makrorettung real gibt. Hier in diesem Teil sind die Berichte natürlich wichtiger, die in der üblichen Form geschrieben werden. Diese Berichte müssen einfach zu bestimmten Zeitpunkten abgegeben werden. Ich begutachte die Berichte und das wird zusammen mit der Kenntnis, sagen wir, des üblichen Materials der Texte schon als Qualifikationsperiode gesehen. Alle anderen Feinheiten – zum Beispiel, welche Fachgebiete für die zweite Hochschulausbildung quasi weiter aktiviert werden können – dazu gibt es eine Orientierungsliste von Berufen, die aber einfach einen zielorientierten Charakter tragen können.

Ich werde mir allgemein natürlich Mühe geben, damit eine maximale Anzahl von Menschen – mit möglichst breitem Bildungsniveau und nicht nur möglich streng aufgezählte - die zweite Hochschulausbildung bekommen können. Die Hochschulausbildung hat aber irgendwelche strengen Kriterien, jedoch gibt es im Rahmen desselben durch das Bildungsministerium bestätigten Programms, solche externen Kurse, wo man einfach ein Zertifikat bekommen kann. Im Prinzip steht im Zertifikat auch geschrieben, dass der Lehrgang nach den Abschnitten meiner Lehre absolviert wurde. Deshalb kann man hier möglicherweise dennoch zuerst diese Zertifikate besorgen, weil es wünschenswert ist, diese zu haben, und die Hochschulausbildung – das entscheidet jeder für sich später.

Und damit beende ich das heutige Treffen. Danke für die Aufmerksamkeit.

Printed in Germany
by Amazon Distribution
GmbH, Leipzig